CHOIX

DES PROPHÉTIES

LES PLUS CÉLÈBRES

MÊME LIBRAIRIE :

Almanach des serviteurs de Marie et de Joseph, par le
Père Huguet, 1871, in-18,   15 c.
        Remise 13/10 — 70/50 — 150/100
Faits surnaturels de la vie de Pie IX, par le R. P. Huguet,
troisième édition augmentée, 1 vol. in-18.   50 c.
Choix des prophéties les plus célèbres au XIXe siècle,
1 vol. in-12.   50 c.
Deux prophéties célèbres, (prophétie d'Orval et prophétie de
Blois), in-12.   20 c.
La fin du monde, d'après une prophétie célèbre, in-12.   1 fr.
Recueil complet de Prophéties, — passé, — présent, — futur,
1 beau vol. in-18 raisin,   2 fr.
Campagne de la Révolution contre Rome, par l'abbé Fleury,
1 vol. in-12,   1 fr. 50
La grande question du Jour : Ou l'Eglise catholique, ou la
Révolution, par l'auteur du *Jubilé du Concile,* 1 vol. in-18. 40 c.
L'Eglise catholique et la Société moderne, par M. l'abbé
Christophe, chanoine de Lyon, auteur du *Concile œcuménique
et la situation actuelle,* in-8,   1 fr. 25.
Mois des âmes du Purgatoire, par l'auteur du *Calvaire et
l'Autel,* 1 vol. in-18,   1 fr. 50
Prière pour la France, par le même auteur, 2 pages in-18, le
cent,   1 fr.
Prières de l'Eglise en temps de Guerre, 2 pages in-18, le
cent,   1 fr.
Prière pour l'armée, approuvée par Mgr l'archevêque de Lyon
(40 jours d'indulgence), 4 pages in-18, le cent,   1 fr.
Lettre de Mélanie, bergère de la Salette, à sa mère, prix :
5 centimes ; le cent, *franco,*   3 fr. 50
Petit recueil de Prières pour le temps de la guerre, grand
in-32,   25 c.
La révélation de saint Jean, ou Histoire prophétique de la
lutte du bien et du mal, depuis Jésus-Christ jusqu'à la fin des
temps, par M. Michel, 1 vol. in-8,   6 fr.

SEMAINE CATHOLIQUE DE LYON

Paraissant le Samedi par livraison de 24 pages in-8

Avec Approbation de l'autorité ecclésiastique

PRIX DE L'ABONNEMENT PAR AN, POUR LA FRANCE : 6 FR.

On s'abonne pour un an, à partir du 1er décembre, chez M. Josserand, libraire, place Bellecour, 3.

N. B. — On peut encore se procurer les trois premières années
darues au prix chacune de 5 francs.

CHOIX

DES

PROPHÉTIES

LES PLUS CÉLÈBRES

AU XIXe SIÈCLE

DEUXIÈME ÉDITION

LYON

P. N. JOSSERAND, LIBRAIRE-ÉDITEUR

3, PLACE BELLECOUR, 3

1870

Besançon. — Impr. d'Outhenin Chalandre fils.

AVERTISSEMENT

De nos jours, au milieu des bouleversements du monde, quand les royaumes et les empires s'effondrent, quand la guerre n'est plus qu'une immense boucherie, les esprits s'efforcent de pénétrer l'avenir, et beaucoup d'hommes sérieux interrogent les prophéties.

Que faut-il penser des prophéties ?

D'abord nous ne devons croire de *foi divine* que les prophéties de l'Ecriture sainte, parce que ce sont les seules que l'Eglise propose à notre croyance comme inspirées du Saint-Esprit.

Mais peut-on et doit-on ajouter *une foi humaine* à certaines prophéties ?

Il y a sur ce point deux écueils à éviter. La crédulité qui admet tout sans examen et l'incrédulité qui rejette tout comme impossible.

Dieu, nous le savons par l'Ecriture sainte et par l'histoire, a toujours comblé son Eglise de dons surnaturels et parmi ces dons surnaturels, l'Apôtre cite le don de prophétie.

L'histoire de l'Eglise et la vie des saints nous offrent souvent des exemples de prophéties parfaitement authentiques et accomplies de point en point.

Enfin ces prophéties rentrent parfaitement dans les desseins de Dieu qui veut nous faire admirer sa justice dans la punition des coupables, sa miséricorde dans le pardon qu'il accorde à ceux qui s'humilient et sa divine sagesse dans le gouvernement du genre humain.

A quelles conditions peut-on reconnaître une véritable prophétie ?

Dieu seul connaît l'avenir parce que seul il en est le maître. Par conséquent seul il peut le faire connaître ; or, comme Dieu ne se sert pas ordinairement des méchants pour opérer ses œuvres divines, mais bien de ses amis, il faut examiner si la prophétie vient d'une personne éminente par sa sainteté, c'est là la première condition.

La seconde condition, c'est que la prophétie ait évidemment un bon but, la gloire de Dieu, le bien des hommes et la consolation des cœurs affligés.

Enfin l'épreuve de toute vraie prophétie, c'est la réalisation des événements qu'elle annonce. C'est pourquoi, quand une prophétie annonce des événements qui doivent se passer à diverses époques, si les événements annoncés sont déjà arrivés en partie, on peut croire avec une certaine probabilité que le reste de la prophétie se réalisera également.

Nous avons déjà fait imprimer à part (1) *la Prophétie d'Orval et la Prophétie de Blois*. On y voit avec quelle effrayante vérité les événements annoncés se sont déjà réalisés depuis lors, et aussi avec quelle admirable coïncidence les derniers événements annoncés semblent se préparer.

Lisez et jugez !

(1) In-12, prix : 15 cent. Lyon, librairie Josserand.

CHOIX
DES PROPHÉTIES
LES PLUS CÉLÈBRES

PROPHÉTIE D'ORVAL

Origine du texte de la prophétie d'Orval, d'après sept
copies datant de 1792 à 1794.

Cinq de ces copies ont été prises à l'abbaye
d'Orval sur le texte qui y était déposé depuis
plusieurs siècles. Les deux autres ont été copiées
sur un manuscrit de la Bibliothèque générale
de Paris, qui a la même origine que le texte
d'Orval.

Ces sept copies ont été fournies : la première
par M. de Damas, qui la rapporta d'Angleterre;
elle fut prise à Orval en 1792. La deuxième par
le P. Quantin, ancien religieux prémontré. La
troisième par M. le curé de la Rixouse, elle est
conforme à celle que Mgr l'évêque de Saint-

Claude emporta alors de cette abbaye en Autriche. Cet évêque dit dans son témoignage qu'il était à Orval avec plus de quarante étrangers qui émigraient, lorsque le supérieur de l'abbaye leur donna lecture de cette prophétie, que les religieux conservaient depuis plusieurs siècles dans leurs archives. Ce manuscrit original annonçait la mort de Louis XVI, la Révolution française, tous les événements antérieurs en remontant jusqu'au religieux inspiré. Plusieurs de ces personnes en prirent des copies pour les temps à venir, depuis le verset : *En ce temps-là, un jeune homme*, etc. Ce texte, porté dans les pays où s'étendit l'émigration, y fut souvent transcrit. La quatrième a été présentée par l'*Invariable* de Fribourg, qui l'a publiée en 1840. Il l'avait reçue du prêtre qui accompagnait Mgr l'évêque de Saint-Claude, et qui l'avait copiée à Orval en 1793. La cinquième par M. le vicomte d'Hozier, qui l'avait copiée à la même abbaye, à la même époque. La sixième par M. A. Lacordaire, qui l'avait copiée sur celle que la famille

Guillemardet d'Autun possède depuis 1794. La septième par M. Rossigneux, professeur au collége d'Autun ; il avait lu cette prophétie dans un petit cahier imprimé en 1800, ès mains de M. Joret.

Les variantes qui existent entre ces sept copies sont insignifiantes ; leur analogie prouve qu'elles ont une origine commune plus ancienne que 1791.

M. le baron de Manonville dit dans son témoignage autographe qu'il se rendit à l'abbaye d'Orval l'avant-dernière fois qu'elle a été pillée, le 20 mai 1793. Alors un des religieux dit à beaucoup de personnes présentes qu'ils s'attendaient depuis longtemps aux malheurs qui arrivaient, et leur lut cette prophétie.

Verset. 1. En ce temps-là, un jeune homme, venu d'outre-mer dans le pays du Celte-Gaulois, se manifestera par conseil de force.

2. Mais les grands qu'il ombragera l'enverront guerroyer dans la terre de la captivité.

3. La victoire le ramènera au pays premier.

4. Les fils de Brutus moult stupides seront à son approche, car il les dominera et prendra nom : empereur.

5. Moult hauts et puissants rois seront en crainte vraie, et son aigle enlèvera moult sceptres et moult couronnes.

6. Piétons et cavaliers, portant aigles et sang autant que moucherons dans les airs, courront avec lui dans toute l'Europe qui sera moult ébahie et moult sanglante; car il sera tant fort que Dieu sera cru guerroyer d'avec lui.

7. L'Eglise de Dieu, moult désolée, se consolera tant peu, en voyant ouvrir encore les temples à ses brebis tout plein égarées, et Dieu sera béni.

8. Mais c'est fait : les lunes sont passées.

9. Le vieillard de Sion, maltraité, criera à Dieu; et voilà que le puissant sera aveuglé pour péchés et crimes.

10. Il quittera la grande ville avec une armée si belle que aucune fut jamais si pareille; mais oncques guerroyer ne tiendra bon devant la face du temps. La tierce part et encore la tierce part de son armée périra par le froid du Seigneur puissant.

11. Alors deux lustres (1) seront passés depuis le siècle de la désolation.

12. Les veuves et les orphelins crieront à Dieu.

13. Et voilà que les hauts, abaissés, reprendront force; ils s'uniront pour abattre l'homme tant redouté.

14. Voici venir, avec maints guerroyers, le vieux sang des siècles qui reprendra place et lieu en la grande ville. Alors l'homme tant redouté s'en ira, tout abaissé, dans le pays d'outre-mer, d'où il était advenu.

15. Dieu seul est grand ! La lune onzième n'aura pas encore relui (2), et le fouet sanguinolent du Seigneur reviendra en la grande ville, et le vieux sang quittera la grande ville.

16. Dieu seul est grand ! Il aime son peuple et a le sang en haine. La cinquième lune reluira sur maints et maints guerroyers d'Orient. La Gaule est couverte d'hommes et de machines de guerre : c'est fait de l'homme d'outre-mer.

17. Voici encore venir le vieux sang de l'homme de la Cape.

(1) Un lustre de cinq ans.
(2) Une lune égale un mois moins un jour.

18. Dieu veut la paix, et que son nom soit béni. Or, paix grande sera dans le pays du Celte-Gaulois. La fleur blanche sera en honneur moult grand. Les maisons de Dieu ouïront moult saints cantiques.

19. Mais les fils de Brutus, haïssant la fleur blanche, obtiennent règlements puissants dont Dieu est encore moult fâché à cause des siens. Le grand jour est encore moult profané.

20. Cepourtant Dieu veut éprouver le retour par dix-huit fois douze lunes (1).

21. Dieu seul est grand ! Il purge son peuple par maintes tribulations; mais toujours les mauvais auront fin.

22. En ce temps-là, une grande conspiration contre la fleur blanche cheminera dans l'ombre par mains de compagnies maudites, et le pauvre vieux sang quittera la grande ville, et moult gaudiront les fils de Brutus.

23. Les serviteurs de Dieu crieront tout plein à Dieu; mais Dieu, pour ce jour-là, sera sourd, parce qu'il retrempera ses flèches pour bientôt les mettre au sein des mauvais.

(1) Dix-sept ans et demi.

24. Malheur au Celte-Gaulois ! Le coq effacera la fleur blanche, et un grand s'appellera roi du peuple.

25. Grande commotion se fera sentir chez les gens, parce que la couronne sera placée par mains d'ouvriers qui auront guerroyé dans la grande ville.

26. Dieu seul est grand ! Le règne des méchants sera vu croître ; mais qu'ils se hâtent.

27. Voilà que les pensées du Celte-Gaulois se choquent, et que grande division est dans l'entendement.

28. Le roi du peuple, assis, sera vu en abord, moult faible, et pourtant contredira bien des méchants ; mais il n'était pas bien assis, et voilà que Dieu le jette bas.

29. Hurlez, fils de Brutus ! appelez, par vos cris, les bêtes qui vont vous manger.

30. Dieu grand !.. quel bruit d'armes ! Il n'y a pas encore un nombre plein de lunes, et voici venir maints guerroyers (1).

(1) Le nombre de lunes qui va être nommé ne sera pas encore accompli, que les faits qui suivent le seront.

31. C'est fait. La montagne de Dieu, désolée, a crié à Dieu ; les fils de Juda ont crié à Dieu de la terre étrangère, et voilà que Dieu n'est plus sourd.

32. Quel feu va avec ses flèches !

33. Dix fois six lunes et pas encore dix fois six lunes ont nourri sa colère.

34. Malheur à toi, grande ville !... Voici dix rois (1) armés par le Seigneur... Mais déjà le feu t'a égalée à la terre.

35. Pourtant les justes ne périront pas : Dieu les a écoutés.

36. La place du crime est purgée par le feu... Le grand ruisseau a éconduit ses eaux, toutes rouges de sang.

37. La Gaule, vue comme délabrée, va se rejoindre.

38. Dieu aime la paix. Venez, jeune prince, quittez l'île de la captivité... Joignez le lion à la fleur blanche.

39. Ce qui est prévu, Dieu le veut.

40. Le vieux sang des siècles terminera encore longues divisions.

(1) On peut entendre par *rois* les chefs de peuple, quels que soient leurs titres officiels.

41. Lors un seul pasteur sera vu dans la Celte-Gaule.

42. L'homme, puissant par Dieu, s'asseyera bien. Moult sages règlements appelleront la paix. Dieu sera cru guerroyer d'avec lui, tant prudent et sage sera le rejeton de la Cape.

43. Grâces au Père de la miséricorde ! La sainte Sion rechante dans les temples un seul Dieu grand.

44. Moult brebis égarées s'en viendront boire au vrai ruisseau vif.

45. Trois princes et rois mettront bas le manteau de l'erreur, et verront clair en la foi de Dieu.

46. Un grand peuple de la mer reprendra vraie croyance en deux tierces parts.

47. Dieu est encore béni pendant quatorze fois six lunes et six fois treize lunes.

48. Dieu seul est grand !... Les biens sont faits : les saints vont souffrir.

49. L'homme du mal arrive de deux sangs ; il prend croissance (1).

50. La fleur blanche s'obscurcit pendant dix fois six lunes et six fois vingt lunes, puis disparaît pour ne plus reparaître.

(1) Alors naît l'Antechrist.

51. Moult mal, peu de bien seront en ce temps-là. Moult grandes villes périront.

52. Israël viendra à Dieu-Christ tout de bon.

53. Sectes maudites et fidèles seront en deux parties bien marquées.

54. C'est fait : Dieu seul sera cru.

55. Et la tierce part de la Gaule et encore la tierce part et demie n'aura plus de croyance, comme aussi les autres gens.

56. Et voilà déjà six fois trois lunes et quatre fois cinq lunes qui sont séparées, et le siècle de fin a commencé (1).

57. Après le nombre non fait de ces lunes, Dieu combat par ses deux justes, et l'homme du mal a le dessus.

58. Mais c'est fait. Le haut Dieu met un mur de feu qui obscurcit mon entendement, et je n'y vois plus.

59. Qu'il soit béni à jamais (2).

---

(1) Ce siècle commence avant la fin de ces trois ans pendant lesquels Hénoch et Élie combattent l'Antechrist.

(2) Dieu est infiniment miséricordieux !

La prière et la pénitence sauvèrent Ninive des malheurs qu'il lui réservait à cause de ses iniquités.

Israël, convertis-toi au Seigneur ton Dieu. (Osée, xiv, 2.)

PROPHÉTIE DE BLOIS

Il circule, dans le pays blaisois, une prophétie qui a trait aux événements de l'année 1848 et de l'année 1870. Elle a été faite en 1808 par une Sœur ursuline.

Sœur Maxime à Sœur Providence des Ursulines.

1848

7. Ils recommenceront donc au mois de février; vous serez sur le point de faire une cérémonie de vœux, et vous ne la ferez pas.

8. Ensuite, avant la moisson, un prêtre de Blois partira pour Paris; il y restera trois jours, et reviendra ayant soin qu'il ne lui arrive rien. Un autre, qui ne sera pas de Blois, partira ensuite. Il n'ira pas jusque là, parce qu'il ne pourra pas entrer. Il reviendra donc le même jour.

(*Nota.* — Il est reconnu à Blois qu'en juin 1848 cette partie de la prophétie a été accomplie à la lettre.)

1870

9. Si ce trouble devait être le dernier, on se cacherait dans les blés, et les femmes feraient la moisson, car tous les hommes partiront ; ils n'iront que petit à petit, et ils reviendront.

10. Les séminaristes auraient pu partir, mais il ne leur arrivera rien, car ils seront sortis quand les malheurs arriveront, ils ne rentreront pas même au temps fixé ; pourtant ils auraient pu rentrer (elle répète cela plusieurs fois). Comme la sortie des séminaristes est dans la première quinzaine de juillet, les grands malheurs commenceront donc après cette époque.

11. La mort d'un grand personnage sera cachée pendant trois jours.

12. Les grands malheurs auront lieu avant les vendanges. Il y aura des signes auxquels vous vous y reconnaîtrez. Ces signes regardent la communauté. Un d'eux est l'élection d'une supérieure qui, devant avoir lieu, ne se fera pas.

13. Alors on descendra un matin sur le champ de foire, et on verra les marchands se dépêcher

d'emballer. « Et pourquoi, leur dira-t-on, emballez-vous si vite ? — Nous voulons, répondront-ils, aller voir ce qui se passe chez nous. »

(*Nota.* — Cette foire se tenant à Blois entre la sortie et la rentrée des séminaristes, puisque les grands malheurs doivent avoir lieu avant les vendanges, ne peut être que la foire du 25 août ; le trouble aura donc commencé ce jour-là.)

14. Que ces troubles sont effrayants !

15. Pourtant ils ne s'étendront pas dans toute la France, mais seulement dans quelques grandes villes, et surtout dans la capitale, où il y aura un combat terrible, et le massacre sera grand.

16. Blois n'aura rien. Les prêtres, les religieux auront grand'peur. L'évêque s'absentera dans un château ; quelques prêtres se cacheront ; les églises seront fermées, mais si peu de temps qu'à peine si l'on s'en apercevra : ce sera au plus l'espace de vingt-quatre heures.

17. Vous serez vous-mêmes sur le point de partir, mais la première qui mettra le pied sur le seuil de la porte vous dira : Rentrons, et vous rentrerez.

18. Avant ce temps, on viendra dans les églises, et l'on fera dire des messes pour les hommes qui seront au combat.

19. Quant aux prêtres et aux religieuses de Blois, ils en seront quittes pour la peur.

20. Mais il faut bien prier, car les méchants voudront tout détruire; mais ils n'en auront pas le temps.

21. Ils périront tous dans le combat.

22. Il en périra aussi beaucoup de bons, car on fera partir tous les hommes, il ne restera que les vieillards. (La Sœur semble avoir prédit la dernière circulaire de M. Gambetta.)

23. Les derniers cependant n'iront pas loin; leur absence ne sera tout au plus que de trois jours de marche.

24. Ce temps sera court; ce sera pourtant les femmes qui prépareront les vendanges, et les hommes viendront les faire parce que tout sera fini.

25. Pendant ce temps on ne saura les nouvelles au vrai que par quelques lettres particulières.

26. A la fin, trois courriers viendront. Le pre-

mier annoncera que tout est perdu. Le second, qui arrivera pendant la nuit, ne rencontrera dans son chemin qu'un seul homme appuyé sur sa porte. « Vous avez grand chaud, mon ami, lui dira celui-là; descendez prendre un verre de vin. — Je suis trop pressé, » répondra le courrier. Il lui annoncera qu'un autre doit bientôt venir annoncer une bonne nouvelle, puis il continuera sa route vers le Berry.

27. Vous serez en oraison (vers six heures du matin) quand vous entendrez dire que deux courriers sont passés; alors il en arrivera un troisième, feu et eau, qui devra être à Tours à sept heures et qui apportera la bonne nouvelle.

(*Nota.* — Ce courrier feu et eau n'est autre que le chemin de fer.)

28. Puis on chantera un *Te Deum*, oh! mais un *Te Deum* comme on n'en a jamais chanté.

29. Mais ce ne sera pas celui qu'on croit qui règnera d'abord, ce sera le sauveur accordé à la France, et sur lequel elle ne comptait pas.

30. Le prince ne sera pas là, on ira le chercher.

31. Cependant le calme renaîtra, et, depuis le moment où le prince remontera sur le trône, la France jouira d'une paix parfaite, et sera plus florissante que jamais pendant vingt ans.

A propos de la prophétie de Blois.

La *Guienne*, journal de Bordeaux, a reçu la lettre suivante au sujet de la prophétie de Blois publiée par le *Constitutionnel :*

Bordeaux, 29 septembre 1870.

Monsieur le rédacteur,

Voici ce que vient de me dire une personne parfaitement digne d'être crue, au sujet de la prophétie de Blois, publiée dans votre numéro du 28 courant :

« La sœur Providence, à qui elle est adressée par la sœur Maxime, supérieure du couvent des Ursulines, à Blois, était novice dans le moment même et âgée d'environ trente ans.

« Un jour la sœur Maxime lui dit : « Ma fille, pre-
» nez la plume et écrivez ce que je vais vous dicter. »
La jeune novice obéit; mais pendant qu'elle écrivait, ne pouvant en croire ses oreilles et soupçonnant peut-être quelque dérangement dans l'esprit de celle à qui elle obéissait, elle ne put s'empêcher de sourire. « Vous riez? lui dit alors la supérieure; et bien!
» pour montrer un jour que je dis vrai, je vous an-
» nonce *que vous verrez ces événements.* »

» Or, la sœur Providence *vit encore aujourd'hui à Blois*, âgée d'environ 93 années, et chacun peut aller auprès d'elle éclairer ses doutes.

» *C'est de la bouche même de cette sœur que je tiens ces détails.* »

Voilà, monsieur le rédacteur, ce que je viens d'entendre et, je le répète, des lèvres d'une personne vraiment digne de foi.

Appuyée sur une origine dont l'authenticité est si facile à vérifier, je ne m'étonne plus du crédit dont cette prophétie jouit depuis longtemps à Blois, ni de la grande curiosité qu'elle excite partout en ce moment.

Agréez, etc., etc.   J. D.

— *L'Echo religieux des Pyrénées* publie la lettre de Mme Supérieure des Ursulines de Blois :

« Il y a un fond de vérité dans ces prédictions dont les journaux se sont emparés. La bonne Mère Providence vit encore au milieu de nous, et il est vrai qu'en 1804 elle reçut d'une tourière mourante des communications dont plusieurs relatives à la maison se sont accomplies à la lettre, seulement rien n'a été *écrit* ici et les soi-disant *copies* qui circulent aujourd'hui sont dues aux souvenirs plus ou moins exacts de personnes qui, ayant fait parler la Mère Providence autrefois, ont transcrit plus ou moins exactement ce qui leur avait été dit. Notre vénérable Mère a été quatre fois supérieure, plusieurs fois sousprieure, et se trouvait ainsi obligée de paraître au parloir. La manière frappante dont plusieurs circonstances se réalisent sous nos yeux est sans doute ce qui a déterminé à publier des notes prises de longues années ; seulement on a voulu faire *une suite* de paroles détachées ; de là des *altérations* qui modifient étrangement les communications de Marianne. Cette bonne sœur tourière était *très-pieuse* et *dévouée* à la Communauté, ayant recueilli chez elle pendant la révolution des religieuses qui n'avaient pas de famille pour les recevoir, mais il n'est pas dit qu'elle soit morte en *odeur de sainteté*. Mère Providence nous a dit que la mourante semblait voir les événements dont elle parlait, et il y a vraiment quelque chose de fort remarquable dans l'exactitude des *petits détails* que nous reconnaissons dans tout ce qui se passe. Marianne avait prédit à la Mère Providence qu'elle verrait non-seulement les grands événements mais encore l'ère de paix et de prospérité pour l'Eglise et pour la France qui doit suivre immédiatement le moment de *crise*, et ce moment sera apparemment *court* mais *terrible*. Lorsque Mère Providence demanda si cela durerait longtemps ? Oh, non ! répliqua Marianne, si c'était long qui est-ce qui y tiendrait ?.....

« Notre vénérée Mère qui nous reste *seule* de son temps attend en toute confiance la réalisation de ce qui lui a été dit : ses quatre-vingt-douze ans accomplis ne lui permettent plus qu'un *souvenir confus* des événements annoncés, mais elle suit encore de tout son cœur la grande recommandation de Marianne, *prier beaucoup*, et comme elle l'a fait pendant toute sa longue vie religieuse, elle prie avec ferveur pour l'Eglise et la France, et à notre grande édification nous la voyons encore maintenant arriver à l'oraison du matin dès 5 heures et demie.

« Sœur SAINTE-CLAIRE, *supérieure.* »

5 octobre 1870.

PROPHÉTIE DU R. P. EUGÈNE PEGGHI

Moine cistercien, mort à Rome au monastère de Sainte-Croix en 1855.

1. Tout finira par le triomphe de la religion et par un prodige. Les Français à la fin défendront le Pape.

2. Le Nonce de Paris recouvrera sa pleine autorité.

3. Dans un jour consacré à Marie, il arrivera un fait très-remarquable.

4. La France tombera par elle-même et Dieu se servira pour cela de l'homme lui-même.

5. Il y aura une grande stupeur quand on apprendra qu'il y a dans Paris un roi reconnu, et qui demeure au milieu du peuple, et qu'on verra

placé sur le trône un premier janvier le dernier de cette époque.

6. Le premier courrier qui viendra en Italie apportera cette joyeuse nouvelle, et le Roi *sous-nommé* sera le défenseur du Saint-Siége.

7. La guerre cessera au moment d'éclater, on n'en verra pas les massacres, elle finira par la victoire de l'*Empereur*. (*Cet empereur sera-t-il le roi de Prusse devenu empereur d'Allemagne?*) On connaîtra alors tout ce qu'il a fait en faveur du Saint-Siége.

8. Un royaume entier viendra à la foi catholique et le Saint-Père, réintégré dans tous ses droits, chantera le *Nunc dimittis*.

PROPHÉTIE DU R. P. NECKTOU

Publiée le 8 août 1848.

Le P. Nektou prévoit une conflagration (1) qui amènera la destruction de Paris et qui sera suivie du triomphe de l'Eglise. Ce triomphe sera tel qu'il n'y en aura plus d'aussi grand.

(1) Cette conflagration sera postérieure, semble-t-il, à celle à laquelle nous assistons.

« On sera près de cet événement (*de ce triomphe*), dit-il, lorsque l'Angleterre commencera à s'ébranler ; et on le saura à ce signe comme on sait que l'été approche quand les feuilles du figuier commencent à reverdir. L'Angleterre éprouvera à son tour, une révolution plus affreuse que la première révolution française, et cette révolution durera assez longtemps pour donner à la France le temps de se rasseoir ; et ce sera la France qui aidera l'Angleterre à rentrer dans la paix.

PROPHÉTIE DU FRÈRE HERMAN DE LEHNIN

Religieux de l'ordre de Cîteaux. (XIIIe siècle.)

Cette prophétie qui a été publiée en 1722 et en 1846 prédit le sort de la monarchie prussienne. Après avoir prédit les événements jusqu'au roi Frédéric-Guillaume III, fils de Frédéric-Guillaume II, qu'elle désigne par les termes de *onzième génération*, elle arrive à la douzième génération Frédéric-Guillaume IV, roi actuel de Prusse et s'exprime ainsi :

1. Enfin celui-là porte le sceptre qui sera le dernier de sa race.

2. Israël ose commettre un forfait d'une atrocité inexprimable et que la mort doit expier.

3. Le pasteur recouvre son troupeau et la Germanie un chef.

———

PROPHÉTIE PUBLIÉE EN 1737

Comme ayant été trouvée à Rome dans le tombeau d'un saint.

178. . . *Magnus tremor erit.* Un grand frémissement agitera les peuples.

187. . . *Nullus pastor erit.* Israël perdra son pasteur. (*Sera-t-il captif? Sera-t-il martyrisé?*)

187. . . *Unus pastor, unum ovile.* Un seul pasteur, un seul troupeau (1).

———

PROPHÉTIE SUR LA SUCCESSION DES PAPES

Attribuée à saint Malachie (2).

On a attribué à saint Malachie une prophétie

(1) Le premier alinéa de cette prophétie désigne évidemment les événements de 1789. Les deux derniers alinéas se renferment dans la fin de ce siècle.

(2) Citée dans beaucoup d'ouvrages et entre autres dans le Dictionnaire de Moreri, article MALACHIE.

sur la succession des Papes, que beaucoup de critiques regardent comme n'étant point émanée de ce saint. Ils se fondent sur ce que saint Bernard qui a écrit la vie de saint Malachie, et Ange Manrique qui a rédigé les annales de Cîteaux et qui dit avoir eu en sa possession tous les papiers du saint, ne disent rien de cette prophétie. Le P. Ménestrier l'attribue à un moine du Mont-Cassin, nommé Arnold de Vion, qui la publia en 1595.

Cette prédiction désigne par une qualité tous les Papes qui doivent se succéder sur le siége de saint Pierre, depuis 1700 jusqu'à la fin du monde. Le titre donné à certains Papes s'accorde si bien avec leur vie, que cette prédiction jouit depuis longtemps d'une grande popularité.

Flores circumdati.

Les fleurs environnées. Clément XI. Il avait les fleurs de l'éloquence en particulier, et il était de l'académie de la reine Christine de Suède.

De bona religione.

De la bonne religion. Innocent XIII.

Miles in bello.

Soldat à la guerre. Benoît XIII.

Columna excelsa.

Une colonne élevée. Clément XII.

Animal rurale.

L'animal de la campagne. Benoît XIV.

Rosa umbria.

La rose de Toscane. Clément XIII.

Visus velox, vel ursus velox.

La vue perçante, ou l'ours léger. Clément XIV.

Peregrinus apostolicus.

Le pélerin apostolique. Pie VI.

Aquila rapax.

L'aigle ravisseur. Pie VII.

Canis et coluber.

Le chien et le serpent. Léon XII.

Vir religiosus.

L'homme religieux. Pie VIII.

De balneis Etruriæ.

Des bains de Toscane. Grégoire XVI.

Crux de cruce.

La croix de la croix. Pie IX.

Lumen in cœlo.

La lumière dans le ciel. Léon XIII

Ignis ardens.

Le feu ardent.

Religio depopulata.

La religion dépeuplée.

Fides intrepida.

La foi intrépide.

Pastor angelicus.

Le pasteur angélique.

Pastor et nauta.

Pasteur et marinier.

Flos florum.

La fleur des fleurs.

De medietate lunæ.

De la moitié de la lune.

De labore solis.

Du travail du soleil.

De gloria olivæ.

De la gloire de l'olive.

In persecutione extrema Romanæ Ecclesiæ sedebit Petrus romanus, qui pascet oves in multis tribulationibus, quibus transactis, civitas septicollis diruetur, et Judex tremendus judicabit populum.

Dans la dernière persécution de la sainte Eglise

romaine, il y aura un Pierre romain élevé au pontificat : celui-là paîtra ses brebis au milieu de grandes tribulations; et ce temps fâcheux étant passé, la ville aux sept montagnes sera détruite, et le Juge redoutable jugera le monde.

PRÉDICTIONS DE MARIE LATASTE.

Les lettres que nous reproduisons ici ont été écrites en l'année 1842 ; elles sont de Marie Lataste, pauvre fille des champs qui est morte en 1847, sœur coadjutrice du Sacré-Cœur.

Monsieur le curé (1),

C'est toujours avec cette confiance que m'inspire votre charité et ma qualité de votre enfant en le Sauveur Jésus que je vous communique, selon votre désir, tout ce que j'éprouve.

Voici ce que me dit dimanche dernier, après la sainte communion, le Sauveur Jésus : « Ma fille, je suis le maître de ma parole. Je dis tout ce que je veux, quand je veux, à qui je veux, et nul n'a le droit

______

(1) Son confesseur et directeur.

de m'interpeller ainsi : Pourquoi, Seigneur, parlez-vous de cette sorte ? Pourquoi de semblables entretiens ? Je sais faire tourner tout à ma gloire et à l'économie de ma providence sur une âme en particulier comme sur le monde entier. Aujourd'hui je veux vous parler de votre patrie. Je vous ai entretenue plusieurs fois de la France, mais je ne vous ai point dit encore ce qu'elle était, ni comment elle agissait. Ecoutez :

«Le premier roi, le premier souverain de la France, c'est moi. Je suis le maître de tous les peuples, de toutes les nations, de tous les royaumes, de tous les empires, de toutes les dominations ; je suis particulièrement le maître de la France. Je lui donne prospérité, grandeur et puissance au-dessus de toutes les autres nations quand elle est fidèle à écouter ma voix. J'élève ses princes au-dessus de tous les autres princes du monde quand ils sont fidèles à écouter ma voix. Je bénis ses populations plus que toutes les autres populations de la terre quand elles sont fidèles à écouter ma voix. J'ai choisi la France pour la donner à mon Eglise comme sa fille de prédilection. A peine avait-elle plié sa tête sous mon joug qui est suave et léger, à peine avait-elle senti le sang de mon cœur tomber sur son cœur pour la régénérer, pour la dépouiller de sa barbarie et lui communiquer ma douceur et ma charité, qu'elle devint l'espoir de mes Pontifes, et

bientôt après leur défense et leur soutien. Ils lui don-
nèrent le nom bien mérité de *Fille aînée de l'Eglise*.
Or, vous le savez, tout ce qu'on fait à mon Eglise,
je le regarde comme fait à moi-même. Si on l'ho-
nore, je suis honoré en elle ; si on la défend, je suis
défendu en elle ; si on la persécute, je suis persécuté
en elle ; si on la trahit, je suis trahi en elle ; si on
répand son sang, c'est mon sang qui coule de ses
veines. Eh bien ! ma fille, je le dis à l'honneur, à la
gloire de votre patrie : pendant des siècles la France
a défendu, protégé mon Eglise ; elle a été mon ins-
trument plein de vie, le rempart indestructible et vi-
sible que je lui donnais pour la protéger contre ses
ennemis. Du haut du ciel, j'avais mon œil sur la
France et je la protégeais ; je la bénissais, elle, ses
rois et leurs sujets. Que de grands hommes elle a
produits, c'est-à-dire que de saints dans toutes les conditions, sur le trône comme dans les humbles chau-
mières ! Que de grands hommes elle a produits, c'est-
à-dire que d'intelligences amies de l'ordre et de la
vérité ! Que de grands hommes elle a produits, c'est-
à-dire que d'âmes embrasées du feu brûlant de la
charité ! C'est moi qui lui ai donné ces hommes qui
feront sa gloire à jamais.

« Ma générosité n'est point épuisée pour la France ;
j'ai les mains pleines de grâces et de bienfaits que je
voudrais répandre sur elle. Pourquoi a-t-il fallu,

faut-il encore et faudra-t-il donc que je les arme de la verge de ma justice ?

« Quel esprit de folle liberté a remplacé dans son cœur l'esprit de la seule liberté véritable, descendue du ciel, qui est la soumission à la volonté de Dieu ! Quel esprit d'égoïsme sec et plein de froideur a remplacé dans son cœur l'esprit ardent de la charité descendue du ciel, qui est l'amour de Dieu et du prochain ! Quel esprit de manœuvres injustes et de politique mensongère a remplacé dans son cœur la noblesse de sa conduite et la droiture de sa parole, conduite et parole autrefois dirigées par la vérité descendue du ciel, qui est Dieu lui-même !

« Je vois encore, je verrai toujours dans le royaume de France des hommes soumis à ma volonté, des hommes enflammés de charité, des hommes amis de la vérité ; mais à cette heure, ma fille, le nombre en est petit. Aussi elle brise le trône de ses rois, exile, rappelle, exile encore ses monarques, souffle sur eux le vent des tempêtes révolutionnaires, et les fait disparaître comme les passagers d'un navire englouti dans les abîmes de l'Océan. A peine leur reste-t-il dans ce naufrage une planche de salut qui les mène quelquefois au rivage. Je lui ai suscité des rois ; elle en a choisi d'autres à son gré. N'a-t-elle point vu, ne voit-elle pas que je me sers même de sa volonté pour la punir, pour lui faire lever les yeux vers moi ?

Ne trouve-t-elle pas aujourd'hui le joug de son roi pénible et onéreux? Ne se sent-elle pas humiliée devant les nations? Ne voit-elle pas la division parmi les esprits de ses populations? Elle n'est point en paix. Tout est dans le silence à la surface, mais tout gronde, tout mugit, tout fermente en dessous, dans le peuple, dans ceux qui se trouvent immédiatement au-dessus du peuple comme parmi les grands. L'injustice marche tête levée et semble être revêtue d'autorité; elle n'a pas d'obstacle, elle agit comme elle veut agir. L'impiété fait ses préparatifs pour dresser son front orgueilleux et superbe dans un temps qu'elle ne croit pas éloigné et qu'elle veut hâter de tout son pouvoir. Mais, en vérité je vous le dis, l'impiété sera renversée, ses projets dissipés, ses desseins réduits à néant à l'heure où elle les croira accomplis et exécutés pour toujours.

« France! France! combien tu es ingénieuse pour irriter et pour calmer la justice de Dieu! Si tes crimes font tomber sur toi les châtiments du ciel, ta vertu de charité criera vers le ciel : Miséricorde et pitié, Seigneur! Il te sera donné, ô France, de voir les jugements de ma justice irritée, dans un temps qui te sera manifesté et que tu connaîtras sans crainte d'erreur; mais tu connaîtras aussi les jugements de ma compassion et de ma miséricorde, et tu diras : Louange et remercîment, amour et reconnaissance à

Dieu, à jamais, dans les siècles et dans l'éternité !

« Oui, ma fille, au souffle qui sortira de ma bouche, les hommes, leurs pensées, leurs projets, leurs travaux disparaîtront comme la fumée dissipée par le vent.

« Ce qui a été pris sera rejeté ; ce qui a été rejeté sera pris de nouveau. Ce qui a été aimé et estimé sera détesté et méprisé ; ce qui a été méprisé et détesté sera de nouveau estimé et aimé.

« Quelquefois un vieil arbre est coupé dans une forêt, il ne reste plus que le tronc ; mais un rejeton pousse au printemps, et les années le développent et le font grandir ; il devient lui-même un arbre magnifique, l'honneur de la forêt.

« Priez pour la France, ma fille, priez beaucoup, ne cessez point de prier. »

Autre lettre.

... Un jour de la fête de l'Immaculée Conception, j'étais venue prier devant l'autel de Marie longtemps avant la célébration de la sainte messe. J'avais rendu mes hommages à Marie conçue sans péché ; j'avais félicité Notre-Seigneur Jésus-Christ d'avoir une créature si privilégiée pour mère. Je m'associai de tout cœur à la croyance de l'Eglise, et m'unis à tous les fidèles qui, en ce jour, rendaient honneur à Marie.

J'eus le plaisir de communier. Quand Jésus fut dans mon cœur, il me dit ainsi : « Ma fille, vos hommages ont été agréés par ma Mère, et aussi par moi. Je veux vous remercier et vous récompenser de votre piété par une nouvelle qui vous fera plaisir. Le jour va venir où le ciel et la terre se concerteront ensemble pour donner à ma Mère ce qui lui est dû dans la plus grande de ses prérogatives. Le péché n'a jamais été en elle, et sa conception a été pure et sans tache et immaculée comme le reste de sa vie. Je veux que sur la terre cette vérité soit proclamée et reconnue par tous les chrétiens. Je me suis élu un Pape, et j'ai soufflé dans son cœur cette résolution. Il aura dans sa tête cette pensée toujours, pendant qu'il sera Pape. Il réunira les évèques du monde pour entendre leurs voix proclamer Marie immaculée dans sa conception, et toutes les voix se réuniront dans sa voix. Sa voix proclamera la croyance des autres voix et retentira dans le monde entier. Alors, sur la terre, rien ne manquera à l'honneur de ma Mère. Les puissances infernales et leurs suppôts s'élèveront contre cette gloire de Marie; mais Dieu la soutiendra de sa force, et les puissances infernales rentreront dans leur abîme avec leurs suppôts. Ma Mère apparaîtra au monde sur un piédestal solide et *inrenversable;* ses pieds seront de l'or le plus pur, ses mains comme de la cire blanche fondue, son visage comme un soleil, son cœur comme une fournaise ardente ; une épée sortira de sa bouche et renversera ses ennemis et les ennemis de ceux qui l'aiment et l'ont proclamée sans tache.

«Ceux de l'Orient l'appelleront *la Rose mystique* et ceux du Nouveau-Monde *la Femme forte*. Elle portera sur son front, écrit en caractères de feu : « Je » suis la ville du Seigneur, la protectrice des opprimés, » la consolatrice des affligés, le rempart contre les » ennemis. » Or, l'affliction viendra sur la terre, l'oppression règnera dans la cité que j'aime et où j'ai laissé mon cœur ; elle sera dans la tristesse et la désolation, environnée d'ennemis de toutes parts, comme un oiseau pris dans les filets. Cette cité paraîtra succomber pendant (trois ans) (1), et un peu de temps encore après ces trois ans. Mais ma Mère descendra dans la cité ; elle prendra les mains du vieillard assis sur un trône et lui dira : « Voici l'heure, » lève-toi. Regarde tes ennemis, je les fais disparaître » les uns après les autres, et ils disparaissent pour » toujours. Tu m'as rendu gloire au ciel et sur la » terre, je veux te rendre gloire sur la terre et au » ciel. Vois les hommes, ils sont en vénération devant

---

(1) Le texte n'a pas ces deux mots, qui ont évidemment été omis, comme l'indique la fin de la phrase. Ces trois ans remontent sans doute à l'origine de l'agression garibaldienne, appuyée presque ouvertement par le gouvernement italien, en septembre 1867.

» ton nom, en vénération devant ton courage, en vé-
» nération devant ta puissance. Tu vivras, et je vivrai
» avec toi. Vieillard, sèche tes larmes, je te bénis. »

« La paix reviendra dans le monde parce que Marie
soufflera sur les tempêtes et les apaisera ; son nom
sera loué, béni, exalté à jamais. Les captifs reconnaî-
tront lui devoir leur liberté, et les exilés la patrie, et
les malheureux la tranquillité et le bonheur. Il y aura
entre elle et tous ses protégés un échange mutuel de
prières et de grâces, et d'amour et d'affection, et de
l'orient au midi, du nord au couchant, tout proclamera Marie, Marie conçue sans péché, Marie reine
de la terre et des cieux. » *Amen!*

(*La Vie et les OEuvres de Marie Lataste*, 2ᵉ éd.,
t. II et III.)

— Nous trouvons dans un ouvrage imprimé
à Paris chez Bricon en septembre 1850 une
autre prophétie attribuée à une religieuse Tra-
pistine. Nous en détachons les lignes suivantes :

Le 6 janvier 1815, elle annonçait les Cent jours.
« Pendant que je priais, dit la religieuse, pour le
parfait rétablissement de la religion et de l'ordre en
France, il me fut dit : *La France n'a pas reconnu
le bienfait que je lui ai accordé en la délivrant de
l'anarchie et de la tyrannie ; au lieu de me témoi-*

gner sa reconnaissance, elle m'outrage. *Je vais
encore la châtier en permettant que le* Vautour de
l'Europe *y rentre.* « Seigneur, m'écriai-je, tout est
» perdu si Bonaparte rentre en France. » Il me fut
dit : *Il n'y restera pas longtemps ; j'armerai l'Europe contre lui, la France sera cernée comme une
ville qu'on assiége, et avant six mois les Bourbons
remonteront sur le trône de leurs pères.* » Cette prédiction s'est accomplie à la lettre, comme tout le
monde sait.

La seconde prédiction regarde les événements
futurs, et voici ce que dit cette religieuse : « Le
dimanche d'avant la Toussaint 1816, je faisais mon
oraison sur l'instabilité du cœur humain. Je fus tout
à coup frappée d'objets horribles. Je vis des personnes de tous les états qui se livraient à des désor-
dres affreux. Il me fut dit : *Tu vois les crimes qu'on
commet ; et qui retient mon bras vengeur ? Je vais
donc encore frapper la France pour le bonheur des
uns et le malheur des autres.* Je vis dans ce moment
un gros nuage qui était si noir, que j'en fus épou-
vantée ; il couvrit toute la France, et, dans ce nuage,
j'entendis des voix confuses qui criaient, les unes :
« Vive la république ! » les autres : « Vive Napo-
» léon ! » les autres : « Vive la religion et le grand
» monarque que Dieu nous garde ! » En même temps
il se donna un grand combat, mais si violent qu'on

n'en avait jamais vu un semblable; le sang coulait comme quand la pluie tombe bien fort, surtout depuis le Midi jusqu'au Nord, car l'Ouest me parut plus tranquille. Les méchants voulaient exterminer tous les ministres de la religion de Jésus-Christ. Ils en avaient fait périr un grand nombre, et criaient déjà victoire, lorsque tout à coup les bons furent ranimés par un secours d'en haut, et les méchants furent défaits et confondus. Le temps de tous ces bouleversements ne sera pas de plus de trois mois, et celui de la grande crise où les bons triompheront ne sera que d'un moment. Quand les méchants auront répandu une très-grande quantité de mauvais livres, ces événements seront proches. Aussitôt après qu'ils seront arrivés, tout rentrera dans l'ordre, et toutes les injustices, de quelque nature qu'elles soient, seront réparées, ce qui sera très-facile, la plupart des méchants ayant péri dans le grand combat, et ceux qui auront survécu seront si effrayés du châtiment des autres, qu'ils ne pourront s'empêcher de reconnaître le doigt de Dieu et d'admirer sa toute-puissance; plusieurs se convertiront. La religion fleurira ensuite de la manière la plus admirable. J'ai vu des choses si belles à cet égard, que je n'ai pas d'expressions pour les dépeindre. »

CONCORDANCE DES DATES.

6 Août   843. Traité de Verdun, naissance de l'Allemagne séparée.

»   1648. Paix de Westphalie.

»   1762. Abdication de Catherine de Russie.

»   1806. Abdication de François Ier comme roi d'Allemagne et empereur romain.

»   1833. Réunion des monarques à Teplitz contre la France.

»   1840. Débarquement de Napoléon à Boulogne; il est fait prisonnier et amené à Ham.

»   1870. Bataille de Woerth et Saarbrucken.

28 Sept. 1681. Prise de Strasbourg par Louis XIV.

»   1870. Reprise de Strasbourg par l'armée allemande.

4 Sept. 1860. Entrevue de Napoléon avec Cialdini et Fanti à Chambéry — « Débarrassez-moi de ces gens; allez et faites vite. » — Castelfidardo suit ces paroles impériales.

»   1870. Déchéance de l'empereur.

ALMANACH

DES

SERVITEURS DE MARIE ET DE JOSEPH

Par le R. P. HUGUET

Nouvelle édition

PRÉCÉDÉE DU CALENDRIER POUR L'ANNÉE

1871

Un volume in-18. — Prix : 15 centimes.

Remise : 13/10 — 70/50 — 150/100.

TABLE

LA
RÉVÉLATION DE S. JEAN

OU

HISTOIRE PROPHÉTIQUE
DE LA LUTTE DU BIEN ET DU MAL

depuis Jésus-Christ jusqu'à la fin des temps

PAR M. MICHEL

1 vol. in-8º. — Lyon, Josserand, libraire-éditeur.
Prix : 6 francs.

La *Correspondance de Rome* a, dans ses derniers numéros, entretenu ses lecteurs d'un livre sur lequel nous avons nous-même appelé l'attention de nos abonnés. Nous voulons parler de la *Révélation de saint Jean*, ou *Histoire prophétique de la lutte entre le bien et le mal, depuis Jésus-Christ jusqu'à la fin des temps*. La feuille romaine a reproduit les approbations dont a été honoré cet intéressant travail; et d'abord, la lettre latine par laquelle Sa Sainteté Pie IX a hautement félicité son auteur et *constaté l'utilité et l'opportunité de son œuvre;* puis, celle où Mgr l'évêque d'Hébron exprime *son admiration réelle pour cette belle et grande étude;* celle, enfin, dans laquelle Mgr l'évêque de Nîmes *voit, à travers les scènes entremêlées du Ciel et de la terre, décrites dans ce livre, un mouvement solennel comme la marche même des mondes; livre,* dit-il, *ingénieux, savant et plein d'un grave à-propos pour les plaies dont la société contemporaine est frappée.* Mgr de Poitiers abonde dans le même sens.

Sonder l'avenir, dans des temps critiques comme ceux que nous traversons, est un besoin naturel à tous les esprits; mais l'interroger sous l'œil de l'Eglise et dans les livres sacrés où la Providence a voulu en consigner les mystérieuses manifestations, c'est, sans se prévaloir témérairement de l'idée d'en être toujours un interprète irréfragable, obéir à un sentiment d'humble et filiale confiance en Celui qui a parlé pour être compris dans une mesure qu'il détermine Lui-même : c'est, on peut le dire du moins, chercher la lumière aux sources mêmes de la lumière.

Le monde est, de nos jours, en présence d'une crise dont la gravité frappe tous les esprits. L'ordre moral et l'ordre matériel, fortement ébranlés, ont besoin d'être promptement et énergiquement raffermis. Mais si, d'un côté, l'affirmation des principes catholiques, formulée dans les grandes assises conciliaires auxquelles nous assistons, semble préparer à l'Eglise un triomphe dont on voit déjà poindre l'aurore, et qui sera réalisé sans doute, au grand profit des sociétés humaines, d'un autre côté, les théories rationalistes, maçonniques, révolutionnaires, qui s'imposent avec une incroyable audace, ne doivent-elles pas nous faire redouter aussi, dans un avenir plus ou moins rapproché, le retour de déviations de plus en plus douloureuses, et qui, de chute en chute, nous conduiront au cataclysme final? Le livre dont nous nous occupons renferme une étude intéressante de cette situation complexe, pleine de consolations et de craintes.

On ne lit guère aujourd'hui que le récit journalier des faits palpitants qui s'accomplissent sous nos yeux. Mais, à ce point de vue encore, ce livre nous semble mériter une attention sérieuse; il ne distraira pas le lecteur de ses justes préoccupations. Outre qu'on y trouve les linéaments tracés d'avance des événements présents et de ceux qui s'enchaînent à eux dans l'avenir, on y découvre surtout les causes tantôt redoutables, tantôt consolantes, auxquelles ils se rattachent, les conséquences également diverses qui en découlent, enfin les remèdes préparés d'en haut pour le salut des *nations que le Ciel a faites guérissables.*

Dieu a livré l'homme aux mains de son conseil; il a mis devant lui la vie et la mort, le bien et le mal. A lui de faire son choix. (Eccli., xx, 14, etc.)

(*Univers,* 11 Septembre 1870.)

Besançon, impr. d'Outhenin-Chalandre fils.

www.ingramcontent.com/pod-product-compliance
Lightning Source LLC
Chambersburg PA
CBHW061310050726
47594CB00004B/1641